AF298846

8° Pt
32

CONFÉRENCE

sur

l'Ile de Cuba

FAITE PAR

CHARLES BERCHON

MEMBRE DE LA SOCIÉTÉ DE GÉOGRAPHIE

PARIS

BORDEAUX

IMPRIMERIE Y. CADORET

17, RUE POQUELIN-MOLIÈRE, 17

1909

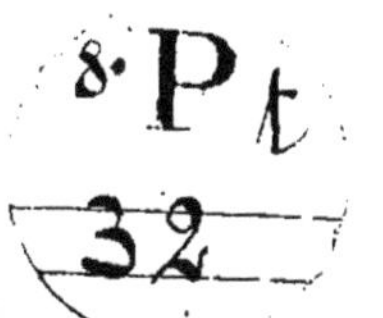

CONFÉRENCE

sur

l'Ile de Cuba

FAITE PAR

CHARLES BERCHON

MEMBRE DE LA SOCIÉTÉ DE GÉOGRAPHIE

PARIS

BORDEAUX

IMPRIMERIE Y. CADORET

17, Rue Poquelin-Molière, 17

1909

BIBLIOTHÈQUE NATIONALE — R.F. — IMPRIMÉS

NOTA

Les signes astérisques, après les mots, indiquent les projections photo-graphiques énoncées à la suite de la Conférence.

BIBLIOTHÈQUE NATIONALE
R. F.
IMPRIMÉS

MESDAMES,

MESSIEURS,

Lorsque, récemment, je fus aimablement
invité à venir vous faire une conférence, je me demandais
si la Société de Géographie de Paris n'exigeait pas trop
de mes forces. Mais je viens vers un auditoire éclairé en
toutes questions géographiques, en espérant le voir s'intéresser à de nombreuses impressions de voyage qui par-
viendront peut-être à gagner sa sympathie, ce dont je
serais infiniment flatté.

Mon but est de vous présenter un aperçu du séjour de
six mois que je viens de faire à CUBA (*), île longue de
1.200 kilomètres, large de 40 à 200 kilomètres, mais je
vais parler d'abord de ses parages les moins connus, les
plus intéressants : la partie orientale.

Cette dernière a été très délaissée jusqu'à ce jour, mise
en culture au dernier siècle par plusieurs milliers de réfu-
giés des révolutions d'Haïti et de Saint-Domingue, mais

appauvrie par deux insurrections, et aujourd'hui confiante
dans l'avenir, avec de meilleures conditions d'hygiène, un
magnifique chemin de fer allant à la Havane, de plus
grandes communications régionales... néanmoins encore
imparfaites l'an dernier, avec la difficulté de trouver même
des chevaux, car un grand nombre a péri dans la tour-
mente révolutionnaire dont les traces ne sont pas encore
complètement effacées.

Cette Province Orientale est longue de
392 kilomètres et large de 110 à 200 kilomètres. Elle est
très variée d'aspect. Sa composition géologique est argilo-
calcaire, parfois rocheuse et parsemée de plaques de nature
volcanique crispée, nommées *dents de chien*. Le nord-
ouest montre une plaine avec des bois, des savanes de
palmiers, des pacages naturels, des ravins, dont un renferme le plus long fleuve cubain : *le Cauto*. Les nord-
est, sud-est et sud-ouest montrent de nombreuses chaînes
de montagnes boisées, sans en excepter la plus haute de
l'île : la *Sierra Maestra*. Certaines montagnes (*) ont une
silhouette originale : le *Yunque* est un trapèze parfait; le
Yumuri est une faille à pic; *deux collines*, riveraines de
la mer, sont des escaliers accentués près de Baracoa et
du Cap Cruz; une colline, la *Jesus-Maria*, se dresse
comme une barrière régulièrement construite; à côté, la
colline dénudée, le *Puerto de Boniato*, a un relief trouvé
généralement : un massif d'où se détachent des contre-
forts longs et étroits jusqu'à n'avoir pas plus d'un mètre
cinquante d'épaisseur au sommet. Plusieurs rochers renferment des grottes. Le tout est recouvert d'une végétation
tropicale qui maintient une humidité excessive. La température varie, suivant l'altitude, de 10 à 40 degrés centi-

grades. Il y a deux saisons chaudes peu différentes l'une de l'autre. Là vivent de nombreux animaux : oiseaux à beau plumage — perroquet, ramier, vautour noir, etc. ; bêtes sauvages — caïmans, lézards, chevreuils, chiens, rats et porcs. La population comprend la race blanche d'origine espagnole, ou française, ou américaine, ou anglaise, beaucoup de race de couleur d'origine africaine, ou louisianaise, peut-être même indienne du temps de Colomb. Voici plusieurs photographies de types : une santiaguaise (*) de l'aristocratie, une négresse (*) de la classe populaire, un groupe indien (*) d'origine de la Louisiane, une mulâtresse (*) de quinze ans, une autre mulâtresse (*) de vingt-cinq ans qui a une physionomie particulière avec un nez aquilin qui s'écarte de la forme ordinaire épatée. Il y a bien encore une autre anomalie à signaler : le ventre proéminent de nombreux enfants qui se nourrissent mal avec de la terre qui passe à leurs yeux pour avoir un goût de sucre.

Presque tout peut croître et être tenté dans la province orientale. Celle-ci offre une extrême fertilité avec des *bois* aux nombreuses essences utiles, des *prés naturels* aux herbes superbes pour le bétail, des champs de *maïs, tabac, cacao, café, cocos, ananas, bananes, cannes à sucre,* sans compter des minerais de *fer, manganèse, cuivre, zinc, plomb, charbon, asphalte.* Les seules vastes exploitations existantes sont jusqu'ici les *cannes à sucre, bananes, cocos, café, fer, manganèse, cuivre,* qui couvrent une surface qui pourrait être bien augmentée. L'agriculture a été retardée en cette région qui a été le berceau du plus grand nombre d'événements cubains qui se sont passés depuis des dates reculées. En des temps très récents, viennent encore d'avoir lieu deux insurrections. Jusqu'à aujourd'hui, des crédits n'étaient guère exposés que par quelques habitants riches. En escompte de circonstances plus favorables, cependant, une succursale de banque du Canada, s'est mise à avancer de l'argent et à combiner des assurances, preuve de confiance qui devrait attirer les spéculations européennes, et en particulier, les spéculateurs français devraient se procurer au plus tôt des terres bonnes et bien placées pouvant être acquises encore à conditions raisonnables, et amener de la main-d'œuvre pour avoir toute chance de succès dans les entreprises qui suivent :

Non pas tant en *bananes, cocos,* déjà expédiés en masse à des maisons puissantes américaines qui exercent comme une sorte de monopole.

Plutôt :

En *cannes à sucre* (*). L'écoulement sucrier est assuré pendant longtemps par les Etats-Unis qui ont un climat froid défavorable à la canne en Louisiane ; et qui consomment considérablement de sucre de plus en plus demandé pour une population qui se multiplie d'une manière prodigieuse.

En *bétail* (*). Cette exploitation est en reconstitution ; elle manque par la base : de bons pâturages sont à créer. Beaucoup d'herbes magnifiques croissent en abondance, et follement ; les principales sont la guinea pour la chair, et la paral pour le lait. En répartissant avec soin ces deux herbes en des points leur convenant au mieux, en créant des canaux d'irrigation et de drainage, on pourrait établir un élevage à meilleure viande pour la boucherie et à lait plus abondant trait avec plus d'expérience. Comme conséquence, des *laiteries* et des *beurreries* qui manquent beaucoup autour des villes, pourraient être installées, d'autant que le lait est vendu à o fr. 40 le litre 1/4 et le beurre est placé aisément à 4 francs le kilogramme.

Comme autres affaires d'excellent rapport : l'élevage des *mules* vendues cher, des *porcs* produisant beaucoup, des *volailles* pondant des œufs écoulés à prix assez élevé; le *miel;* le *cacao* abondant et atteignant des prix rémunérateurs sans présenter les ennuis de la culture du *café;* tandis que les fruits, *oranges, mangues, ananas,* auraient une issue sûrement durable vers les régions américaines du nord; et que les cultures de *légumes* et *fleurs* auraient un débouché illimité vers les villes régionales.

Prochainement, quand des communications meilleures intérieures permettront des transports plus faciles :

Les *bois* (*) qui poussent avec une vigueur montrée par bien des essences utiles, parmi lesquelles : le granadillo — manches d'instruments, le yaya — perches et lances, les uberos — courbes de bateaux, le guayacan — mâts de navires, le caguairan — poutres, le jucaro — roues de charrettes, l'algarrobo — véhicules, le majagua — voitures, cordes, meubles; surtout l'acajou — meubles, wagons, et le cèdre — meubles, boîtes à cigares et cloisons, assez gros pour avoir déjà occasionné un envoi annuel de plus de 7 millions de francs — expédition cependant mal payée, qui pourrait atteindre des conditions préférables, si, l'exportation se dirigeait vers la meilleure acheteuse Europe.

Enfin les *minerais* qui ont la particularité de s'offrir à ciel ouvert, de telle sorte, qu'une extraction très commode peut être faite d'asphalte; charbon, plomb, zinc, cuivre, manganèse, fer. Les trois derniers, de rendements à 20, 45 et 60 à 62 pour cent, ont déjà occasionné, rien que d'une année à une autre, une plus-value d'exportation de 5 millions de francs — développement qui promet que l'exploitation minière sera la meilleure chose à tenter.

Les spéculateurs français pourraient encore réussir en d'autres questions :

Notre industrie et notre commerce, pas assez répandus, trouveraient aisément des débouchés, chance de lutter contre le sans-gêne étranger d'écouler des articles à étiquette française, lesquels sont vendus cher pour une qualité ordinaire. De valeur supérieure au même prix, nos articles seraient sûrement achetés, parce qu'ils sont préférés. Auraient surtout le plus de vente : les produits *pharmaceutiques*, *chimiques*, la *poudre*, les *armes*, la *sellerie*, la *coutellerie*, les *outils*, la *quincaillerie*, la *papeterie*, la *librairie*, les *chaussures*, la *parfumerie*, bien des *tissus fins* d'habillement et de toilette. Enfin Bordeaux pourrait envoyer aisément des *conserves alimentaires*, certains *vins de luxe*, même des *vins de consommation courante*, parce que la région de Santiago est influencée par certains habitants bordelais. Ceux-ci ne m'ont pas caché qu'ils aideraient volontiers tous leurs compatriotes qui viendraient tenter des affaires.

Les marchandises françaises commencent à quitter une importation d'environ 900.000 francs, pour se rapprocher un peu des importations anglaise et américaine d'environ 5 et 9 millions de francs, à cause du récent rétablissement d'une communication directe avec notre pays. Nos produits n'arrivent plus majorés d'un prix causé par la complexité des transports, parce que la Compagnie Générale Transatlantique vient de réinstaller une escale supprimée à l'insurrection de 1868, depuis laquelle avait disparu notre pavillon. Surtout l'Est cubain manifeste une inclination toute française, et en outre, un penchant créole très profondément enraciné : la dépense qui est en passe de progresser avec les richesses qui s'accroissent. Sous peu, est forcée la prospérité de Cuba placée dans une situation géographique merveilleuse pour devenir un fournisseur illimité vis-à-vis d'un client consommateur inépuisable, étant immense de territoire : les Etats-Unis.

Un aussi sûr avenir devrait inviter au plus tôt nos agriculteurs à venir établir des propriétés, nos industriels et commerçants à envoyer des voyageurs munis d'échantillons, de cahiers de notes, pour s'enquérir des desiderata. Enfin le marché cubain est d'autant plus précieux que c'est un exotique qui achète à peu près seulement des marchandises de pays civilisés, et se trouve, après les colonies d'Algérie, de Tunisie et du Sénégal, le pays le plus proche qui devrait intéresser la France.

Bien de mes compatriotes parisiens ont commencé à donner bon essor aux importations françaises, accrues ces dernières années de plus de 17 et 20 p. 100. Ce mouvement devrait progresser.

A d'autres points de vue se recommande encore la Province Orientale qui est le berceau : de l'existence cubaine, des premiers pas conquérants, des premières rencontres avec les indigènes, des premiers supplices d'Indiens, des premières explorations intérieures, des premières créations de provinces, des premières capitales — parages d'un véritable attrait historique. Et maintenant, reste le point de vue pittoresque qui ne peut être indiqué que par une description progressive d'une région qui compte environ 1.000 habitants inscrits se réclamant de la nationalité française. Un certain nombre sont Bordelais très accueillants. Déjà en sachant tous ces compatriotes établis là bas, vous vous intéresserez à une province que je vais maintenant vous décrire.

Sa capitale est SANTIAGO, étagée sur une colline en vue d'une rade (*), et de montagnes grandioses.

Cette ville de 49.893 âmes est riante dans son plan régulier de rues, ses squares verts, ses constructions claires... fraîches, ses magasins largement ouverts, ses demeures qui laissent entendre de nombreux airs de piano, et qui ont leurs fenêtres barrées (*) de fer ou de bois donnant sur des voies très bien asphaltées (*); quelques-unes (*), seulement, ont une perspective curieuse de cailloux inégaux, de défoncements, et de fondrières. Les édifices ont des formes massives en prévision des tremblements de terre : ce sont des églises peintes de toutes nuances, sans excepter la cathédrale (*) qui ressemble à une pièce montée par un confiseur, avec un crépi épais diminuant la vivacité des arêtes, la platitude des parois, et la raideur de deux tours surmontées de dômes vieux rose imitant le sucre candi. D'autres constructions sont à signaler : une école indigène superbe, et une école américaine (*) qui inculque ses préceptes par des procédés tout à fait originaux : des airs de violon ouvrant et clôturant la plupart des exercices de travail. Un musée est instructif par ses curiosités historiques, et entr'autres par un acte timbré drôlement libellé, qui se rapporte à la vente d'un nègre qui a « âme en bouche » (apparence d'un mort), et « os dans un sac » (apparence d'un squelette). Le marché d'esclaves fait place actuellement à un marché de vivres vers lequel viennent des charrettes (*) de forme triangulaire bizarre. Des maisons de commerce de rhum, un port, et une gare sont animés par une population qui vit autrement la plupart du temps en ses pénates, ou en des cercles nombreux.

Aux environs de la ville, se trouvent : un arbre sous lequel a été signée la fin des hostilités hispano-américaines, et des champs de bataille *Caney, San Juan, la sortie du Morro* (*), sur lesquels je ne veux pas insister. Il existe aussi une vallée pleine de palmiers, bambous, cocotiers, arbres fruitiers, entre lesquels se cachent les villages charmants de *Cuabitas, Boniato, San Vicente, Dos Bocas* (*). Quant au village du *Cobre*, c'est un pieux pèlerinage.

Une navigation de 41 milles en 5 heures s'accomplit à l'Est vers la baie de GUANTANAMO où on entend parler le patois amusant, ainsi qu'une langue très pure d'une nombreuse population française. Pour voir les exploitations de cannes à sucre, de café (*), de cacao, appartenant à des compatriotes, il faut suivre un itinéraire mouvementé (*) et malaisé qui ne peut être parcouru qu'en quatre jours. Je l'exécutai sur un cheval qui me fut prêté par un maire fort aimable.

De Guantanamo, par une navigation de 120 milles, en 10 heures, autour du cap oriental *Maïsi*, je me suis rendu à BARACOA (*), la plus vieille localité cubaine, auprès de laquelle sont : le YUNQUE, un grand phénomène de feu follet *luz de Yara*, et des terres couvertes de villages, de cocotiers, d'arbres fruitiers et de bananiers dont les produits descendent par un système funiculaire dans la profonde gorge de YUMURI.

Une navigation de 90 milles en 7 heures eut lieu en longeant une côte solitaire échancrée par plusieurs baies, entr'autres celle de NIPE (*), une des plus grandes rades du monde, étendue de 4 lieues sur 7, qui est depuis peu le point d'embarquement des richesses de la province. Une visite s'impose à des propriétés admirables de bananiers (*), d'ananas, et de cannes à sucre; une d'elles appartient à de sympathiques Français de la Louisiane, MM. Dumois frères; et une autre est exploitée par une grande compagnie américaine l'United Fruit. Du siège d'opération de cette dernière, à BANES (*), je me rendis en wagonnet (*) mis en mouvement par la force humaine, puis par train de balast (*) qui dérailla en belle forêt, en train sérieux qui marcha plus rapidement, et en voiture campagnarde confortable la volanta (*), à HOLGUIN, et GIBARA où est une grotte creusée par une rivière, après quoi, je revins à Santiago.

Je me réconfortai par la cuisine cubaine, qui a certains points de rapport avec l'espagnole, à cause de viandes en sauce, mais aussi, certains points de divergence, à cause de plats spéciaux : *patas,* pieds de veau aux pommes de terre, olives, raisins de Malaga; *ajiaco,* bœuf ou porc aux bananes, fécules, calebasses, rondelles de maïs; *riz jaune ou blanc,* aux morceaux de porc, jambon, ou moules ; *maïs,* au poulet ou crabes ; *tasajo,* hachis de viande de conserve salée aux rondelles de patates suivies de citron ; *challote,* farineux à pâte purée ; *quimbombo,* cornichon d'une acidité extrême ; et *aguacate* ou *avocat,* sorte de longue poire verte ou violacée constituant un excellent beurre végétal qui a motivé le proverbe « No puedo comer sin aguacate ».

Après, je faisais une traversée de 163 milles, en 20 heures, le long de la côte où se dessine le profil élevé, boisé de la SIERRA MAESTRA, qui s'abaisse insensiblement en escalier jusqu'à la pointe de *la Cruz,* et ensuite dans un golfe *Guacanayabo* parsemé d'îlots, bordé d'une plaine boisée confinant à MANZANILLO (*). Cette ville, dont on remarque les trottoirs élevés (*), est devenue la retraite d'officiers de l'insurrection; l'un d'entre eux, le général Masó, a achevé dans la pauvreté une vie vouée tout entière à la patrie. De ce point, une petite chaloupe à vapeur remonte le CAUTO (*), cours d'eau tortueux encadré d'arbres pleins de parasites : c'est le plus long fleuve cubain, qui a environ 250 kilomètres, est navigable sur 88, jusqu'au village d'*Embarcadero*, à la suite duquel le trajet était difficile.

C'était, à cheval, une étape de 28 kilomètres à travers un marécage; elle aboutissait à BAYAMO (*), ville ruinée, dominée par un clocher d'église au-dessus duquel a été installé un poste militaire optique (*) très original. Ce lieu a donné naissance à plusieurs savants ou hommes politiques. De là, autre étape de 28 kilomètres à travers une plaine, des bois et des prairies remplies de hannetons luisants cocuyos, jusqu'à un village insurrectionnel ruiné : *Jiguani,* sans auberge, où l'unique chambre me fut offerte par le maire. Au delà, je ne pouvais trouver de monture, je parcourus à pied 12 kilomètres de terrain mou, jusqu'à un autre village ruiné, berceau de la dernière insurrection : BAIRE. Ensuite, faute encore de monture aucunement obtenue, même par l'intermédiaire de la municipalité qui perquisitionna chez vingt personnes toute une après-midi, j'entreprenais à pied 32 kilomètres de voie boueuse, raboteuse, à travers des palmiers, des plateaux, des ravins, des rivières dont une importante : la *Contra Maestre* (*), des bois, un cirque de collines *Aguacate,* que je quittais pour faire à haridelle 20 kilomètres sur une ligne de crête dominant des vues gracieuses jusqu'à *Palma Soriano*

Alors j'accomplissais, en voiture publique, 20 kilomètres sur une route de fondrières pour arriver à *San Luis* qui communique par voie ferrée avec Santiago.

Ce trajet de 140 kilomètres devait être suivi d'une tentative plus pénible encore pour gravir le mont TURQUINO, point culminant de Cuba.

J'exécutais des préparatifs très longs en contrée tropicale, je ne trouvais pas le compagnon demandé par des amis et des journaux. Je manquais de tout mode de transport : aucune compagnie de vapeurs, et aucun armateur particulier n'envoyaient de bateau vers un point aussi sauvage. Je voyais bien des voiliers qui manquaient de calfatage, ou de peinture, ou de capitaine — l'un était malade, tandis que l'autre était en vacances. Alors j'espérais avoir une embarcation que me promettait toujours son affréteur, un certain pharmacien qui m'impatientait extraordinairement avec l'expression « mañana » (à demain) qui révèle un caractère nonchalant indigène. Lassé, après plus d'un mois de tergiversations, je partais avec deux barques (*) qui allaient pêcher la tortue. Au pied de la montagne, je parvenais non sans peine à décider deux pauvres diables (*) à m'accompagner jusqu'aux cases d'*Ocujal* où l'ascension commençait pour durer sans cesse en pleine forêt vierge.

Le premier jour — par une température de 28°, à huit heures, j'avançais au bord de la mer vers un ruisseau abondant, le *Potrerillo*. J'entrais dans les terres, en vue de remonter un autre ruisseau à sec très rocailleux, le *Dian*. Je gravissais un monticule, j'opérais une descente et une escalade vertigineuses et je m'arrêtais sur un autre monticule à 650 mètres, avec une température de 20°, offrant un campement qui fut contrarié en pleine nuit par une pluie diluvienne.

Le second jour — je gravissais deux mamelons. A la suite d'un troisième, *Cabeza de las Cuevas,* à 900 mètres, avec une température de 19°, je pénétrais dans une zone de végétation encore plus dense. J'affrontais une arête montueuse très étroite, large à peine de deux mètres, et très longue, s'élevant en plusieurs bonds. Après un septième mamelon plus altier, le *Picacho,* à 1.190 mètres, le sous-bois devenait inextricable au milieu de gros arbres renversés, d'arbrisseaux épineux, de fougères, de branches pourries s'effritant dans les mains. La végétation était déjà dans une zone d'humidité qui se traduisait par des quantités d'eau qui trempaient de plus en plus les vêtements. Plus loin, après une *butte de rocs* et de plantes grasses aloès, je trouvais un abri dans une sorte de *dolmen* naturel formé par des pierres granitiques. Puis, je rampais à travers des petits fourrés, et au milieu de rocs mousseux jusqu'à l'altitude de 1.620 mètres, avec température de 17°. Il était seulement trois heures de l'après-midi, mais mes compagnons étaient si mouillés jusqu'aux os et si tremblants de tous leurs membres, que nous étions contraints d'improviser un campement. Ce dernier se trouvait sur un *espace très incliné et très étranglé,* entre un gros rocher surplombant, ne cessant de pleurer des gouttes d'eau, et un précipice dans lequel descendent des arbustes alors agités follement par les rafales. Après avoir éprouvé des ruptures d'équilibre, en manquant de nous empaler à des bois acérés, et en roulant moi-même dans un piètre feu qui ne voulait pas prendre, nous finissions par nous immobiliser en des poses incommodes, et nous articulions, d'une manière intermittente, des gémissements qui duraient toute une nuit sans fin.

Le troisième jour — je gravissais une pente à pic au milieu d'arbustes et de petites lianes à tige noueuse comme du bambou et feuilles à pointes piquantes. Soudain se montrait un *soulèvement de sol vertical,* haut de trente mètres, et tapissé de plantes grasses aloès. Pour l'escalader, il me fallait donner tout mon effort non par les mains qui se seraient piquées, mais par les pieds qui réussissaient à fouler de rares points de terre végétale. Je poursuivais sur une crête montueuse couverte de petits buissons, de plantes enchevêtrées jusqu'à une plate-forme de petits arbres au tronc clair, qui était le neuvième mamelon *le Pico Primero* (*), à 1.725 mètres, avec une température de 11°, à huit heures du matin. Le trajet se continuait, je descendais, j'entraînais avec vigueur mes hommes. Je les avais bien approvisionnés de vivres, d'eau, même de rhum; mais ces gens du tropique souffraient du froid et de l'humidité de plus en plus déconcertante. Ils étaient si transis sous leurs vêtements si mouillés, que mon plus vieux compagnon voulait être couvert — satisfaction qui lui était offerte aussitôt par une partie de mon vêtement que je lui abandonnais. Pour ma part, je me sentais passablement dans mon costume confortable, mais si adhérent à mon corps, que je m'enveloppais dans une toile de hamac. J'avais une silhouette de scaphandrier qui n'était pas déplacée dans une nature noyée de buée (*), semblant presque sous-marine. Les fougères, d'abord superbes, devenaient ensuite de taille moindre, jusqu'à des végétations basses revêtant la plate-forme du pic terminal : PICO-REAL, à une altitude de 2.525 mètres. Une montagne aussi peu hospitalière me faisait vite battre en retraite, et descendre, de manière à coucher en lieu sec au pied d'un roc (*) à la *Cabeza de las Cuevas*.

Le quatrième jour — je me dirigeais vers le sud-ouest
par un sentier nouveau qui passait devant un roc colossal
et aboutissait aux cases de *las Cuevas*. Je continuais sur
un littoral sauvage, au milieu des galets, grimpant sur une
colline gracieusement située, dépassant plusieurs pointes
Papajita, Palmita, aux schistes déchiquetés, traversant un
sous-bois très varié de toutes sortes de végétations singu-
lières. Ainsi s'achevait une ascension d'environ 44 kilomètres sur ce fameux Turquino, dont le sommet est échancré
par trois pics : Primero, Secundo, et Réal (*) — que je
n'ai pu photographier qu'à six heures, le dernier matin de
mon séjour.

Mon retour se fit en barque à la rame pendant 23 lieues,
d'abord par calme plat, puis au milien d'une houle qui me
jeta sur des récifs, et d'une pluie terrible qui dura près de
deux heures. Sans insister sur les péripéties de ce trajet,
je note que mon excursion Turquinienne, qui ne pouvait
qu'être exécutée par la plus mauvaise saison, au bout de
cinq mois de mes excursions fatigantes en campagne
cubaine, procurait malgré tout, comme résultats géographiques : neuf observations barométriques et thermométri-
ques, neuf photographies, un petit herbier, et un levé
expédié d'itinéraire (*) qui constituent la première explo-
ration documentaire du Turquino.

Ainsi s'achevait la visite de la Province Orientale. Je
faisais mes adieux à mes excellents amis de Santiago, surtout au consul de France, M. Ritt; au maire, M. Bacardi;
et au gouverneur, M. Yerro Sagol.

Et maintenant, je vais vite montrer des
photographies de tout ce qui peut être trouvé de plus inté-
ressant dans le reste de Cuba :

D'abord un radeau (*) de transport des bois sur la côte de la Province de Camagüey qui a de vastes forêts, d'amples pacages à bétail — solitudes étrangement interrompues par une ville, CAMAGUEY (*), qui garde le plus le cachet des premiers temps après la découverte colombienne. La preuve en est dans sa vieille rue de l'Hôpital. Une maison curieuse, avec croix de calvaire et grandes fenêtres barrées de bois, est visible dans une autre ville, TRINIDAD (*), aussi très ancienne, mais restaurée par une population riche, émigrée aujourd'hui vers d'autres parages. Ensuite, c'est une beauté naturelle en partie montagneuse : la cascade de Hanabanilla (*), deux phénomènes anthropologiques (*) : une naine de 65 centimètres à 67 ans et un géant de 2 mètres à 20 ans, qui habitent un port important de fondation bordelaise : CIENFUEGOS. MATANZAS (*) est une ville voisine de la grotte aux stalactites cristallines de BELLAMAR et de la vallée plaisante de YUMURI. Les Provinces de Santa Clara et de Matanzas renferment la plus grande ressource de l'île : l'exploitation du sucre.

Voici un champ en récolte de cannes (*), mises en charrettes à bœufs, ou en wagons de train (*), qui se rendent à une usine nommée *Yngenio*. Après ce panorama (*) qui montre ensemble un champ et une usine, je vais expliquer brièvement la fabrication sucrière. Les cannes sont jetées dans une cuve à fond de bois qui se déplace vers deux séries de meules dites *trapiches* (*). Le jus extrait, mêlé à de la chaux, est purifié en des cuves chauffées à haute pression ; les résidus sales sont comprimés en des presses. Le tout, devenu clair, est transformé en sirop dans un appareil à vapeur à triple effet, est cristallisé dans un autre appareil à vapeur *tacho de punto* (*), qu'un ouvrier expérimenté vient surveiller avec une sonde, et est desséché en des turbines centrifuges. Des gâteaux de sucre, raspaduras, sortent de petites usines (*) populaires, *yngenitos,* à vieux matériel de cuves et barate. Mais il est préférable de s'intéresser aux grandes usines modernes nommées *centrales,* pourvues parfois de grandes dépendances appelées *Batei* (*), avec : hôtel, café, boulangerie, bazar, pharmacie, barbier, quartiers de blancs, de mulâtres, de nègres, de Chinois, villas de contremaîtres, maison de propriétaire, et parc d'agrément.

Mais, quittons la vie industrielle sucrière, incommodante seulement par les moustiques et un bruit infernal, pour atteindre la Province Occidentale de Pinar del Rio qui renferme l'exploitation du meilleur tabac du monde.

Voilà un champ de culture moderne (*), couvert de mousseline de coton, comme celle qui recouvre certains fromages. Ces cages en tissu ne montrent leur aspect de plaques glacées que dans de grands domaines; elles écartent les insectes, permettent un entretien soigné (*) et un meilleur rendement.

La culture sous voiles envoie sa récolte sur brancards (*), et la culture à l'air libre envoie sa récolte sur bâtons (*), à des maisons de chaume qui jouent le rôle de séchoirs pendant environ trois mois. Après, vient le travail en petites fabriques de campagne, dirigées parfois par des propriétaires à physionomie très couleur locale (*); mais, le plus grand labeur est en de grandes fabriques de ville. Je vais expliquer brièvement leurs opérations.

Les feuilles de tabac sont mouillées (*). Les plus petites *tripas,* ayant séché de un à trois jours, et fermenté de une à six semaines, sont décortiquées par des femmes, tandis que les plus grandes, *capas,* sont immédiatement décortiquées par des hommes. Petites et grandes feuilles sont envoyées à une salle meublée de petites tables, ayant l'air

B.　　　　　　　　　　　　　　　　　　2

d'un réfectoire de collège, avec un lecteur relativement âgé, qui lit des journaux, du Balzac, du Voltaire ou du Zola à des ouvriers occupés au tordage (*). Un cigare se roule en un espace qui oscille entre quatre et quinze minutes, est envoyé ensuite au classement (*). Un ouvrier d'expérience consommée travaille à une table située en bonne lumière, qui doit contenir six couleurs, quatre natures, environ quarante dimensions, et soixante formes, mais ne peut admettre en plus toutes les innombrables variétés existantes de cigares !

Pour ne pas se perdre dans une industrie compliquée, heureusement merveilleuse de comptabilité, il est mieux d'achever de voir la région de PINAR DEL RIO. Un joli plateau, LUIS LAZO, est entouré de monts calcaires creusés en grottes et en tunnels par deux rivières, d'une colline à arcade naturelle (*) et du *Pic de Mal Paso* (*). On arrive au port de BATABANO, où l'on pêche (*) les éponges, dont je montre une cour de séchage (*), qui appartient à un sympathique industriel français. On accomplit une navigation de 77 milles en 9 heures sur une mer pleine d'îlots jusqu'à l'ILE DES PINS avec colline de marbre, grottes curieuses, essences d'arbres conifères (*), température modérée, et colons américains qui me disaient que cette région devrait appartenir à leur pays, résultat qui n'a pas été prouvé par les circonstances rendant définitivement cette terre cubaine.

On achève la vie de campagne résumée par certaines scènes couramment en vue : des paysannes (*) voyageuses en costume amazone, des chevaux au repos (*) devant des buvettes-bazars, une chaumière *bohio* (*), d'aspect extérieur sauvage et dont l'intérieur a assez souvent de beaux rideaux blancs, ainsi qu'une machine à coudre, une auberge (*) de village, avec des chaises en cuir de bœuf et des tables aux nappes parfois tachées de vin, un magasin de nouveautés (*), et un cercle (*). On en trouve assez couramment plusieurs dans chaque petite ville, ordinairement éclairée à l'acétylène. La dernière localité rurale entrevue est SAN JOSÉ de las LAJAS (*), avant d'aboutir à la capitale de CUBA, peuplée de 300.000 âmes.

LA HAVANE est une ville de toutes races et d'aspect coloré espagnol aussi bien dans ses vieilles rues, étroites, mal pavées (*), que dans ses nouvelles voies, promenades modernes, très bien tenues, et ses établissements hospitaliers arrangés au suprême degré de la perfection, dont l'un a des enfants charmants surtout à l'heure de la sieste (*), tandis que d'autres sont annexés à de grands cercles philanthropiques animés de milliers de membres qui viennent s'y réunir.

S'égayer est une chose courante d'un bout de l'année à l'autre dans une cité qui devient une joyeuse station d'hiver, ne la jugerait-on que par ses carnavals. Bals de toutes classes et couleurs, costumés et masqués, comprennent bien des danses. Une valse lente sur place qui consiste en de simples ondulations des hanches, se danse dans toute la bourgeoisie moyenne et le peuple. Ce serait toute une affaire de dépeindre ce pas au son d'une musique, vrai charivari qui serait sans mesure, s'il n'était scandé par le son tiré du râclement d'une calebasse : le güiro. *Le danzon*, originaire du tam-tam africain, n'empêche pas que la plupart de la population est portée plutôt vers des pas plus nobles, et l'aristocratie ne songe qu'à des bals tout à fait sélects, qu'à de la bonne musique même savante interprétée au *Parque central* et au *Malecon*.

Autour d'un kiosque en jolie colonnade (*), circule souvent du monde, y compris des jeunes femmes (*) en robes coquettes claires, et aux physionomies charmantes qui ne peuvent être aperçues que certains jours de la semaine. Il est d'usage que l'élément féminin sorte peu dans la rue, suive seulement les cours de trois pensions mondaines, dont une (*) enseigne avec énergie notre idiome sous la direction d'une valeureuse française, Mlle Ollivier, accomplisse de rares emplettes extraordinaires, reste plutôt à la maison (*), séjour plaisant de tonalité blanche à bordures bleu de ciel, à l'arrière de grilles (*) qui séparent jeunes gens et jeunes filles. A cause de cette mode, les voies publiques présentent souvent le soir des hommes seuls sur des bancs. En revanche, le jour, nos personnages masculins sont très occupés. Les moins aisés sont colporteurs (*), surchargés d'une boîte vitrée pourvue d'articles de pacotille, certains sont marchands, en magasins et au marché. Ce dernier, nommé *Plaza del Vapor*, a un premier étage (*) meublé pittoresquement de cages pleines de volatiles. Le rez-de-chaussée est occupé par des étalages superbes de fruits de l'île (*), dont les principaux sont : l'ananas, la banane, le coco, l'orange, la mangue, le mamey, le sapote, le caïmito, le marañon, la guayaba et la guanabana. Enfin beaucoup d'hommes sont dans la médecine, le barreau, le journalisme, le fonctionnarisme au-dessus duquel était le Président Estrada Palma.

Je voudrais m'attacher à détruire une erreur qui a couru ces dernières années parmi assez d'habitants continentaux, demeurant loin de Cuba, et par là, naturellement mal informés. Beaucoup croient que la plus grande Antille est un protectorat américain, quand c'est réellement une république.

Des élections frauduleuses, dues à un parti conservateur par trop entreprenant, évincèrent de la représentation un second parti nationaliste portant son mécontentement dans les campagnes qui s'insurgèrent. Le gouvernement surpris, sans assez de forces militaires pour résister, donnait sa démission en la personne de son président, de son vice-président, des ministres, des chambres. La République cubaine ne pouvait rester sans tête. Les Cubains ne pouvaient rétablir l'ordre que plus lentement que ne pouvaient le faire les Américains. Les Yankees ont mis un gouverneur provisoire, M. Magoon, jusqu'à des élections qui viennent de nommer assemblée, et président Gomez, créateurs d'une république définitive.

Avant de quitter LA HAVANE (*), je ne m'en éloigne pas sans affirmer combien le pays cubain peut intéresser à tous les points de vue : les touristes, les agriculteurs, les industriels et les commerçants français. Ceux de mes compatriotes réunis ici, qui voudraient des renseignements, me trouveraient heureux de me multiplier. Ils me seraient adressés par la Société de Géographie, que je remercie de m'avoir permis de faire une si longue conférence, écoutée avec tant d'indulgence par de si nombreux auditeurs, envers qui je suis très reconnaissant.

CHARLES BERCHON,

Membre de la Société de géographie de Paris.

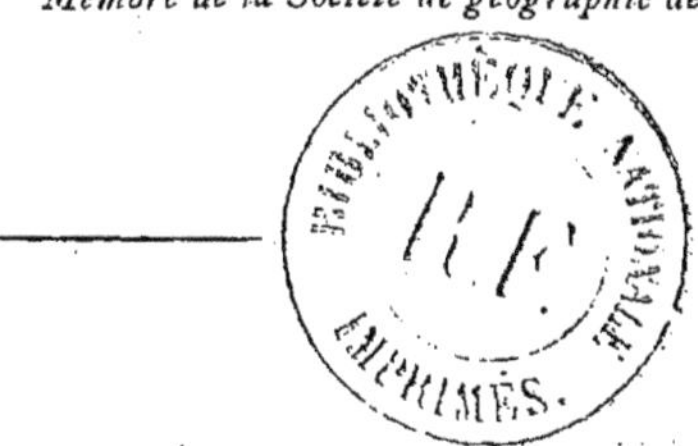

LISTE

DES

89 PROJECTIONS PHOTOGRAPHIQUES AYANT ACCOMPAGNÉ
LA CONFÉRENCE

Carte de Cuba.
Province Orientale, montagnes curieuses.
Type de femme blanche.
    »   négresse.
Type de famille indienne.
    »   femme mulâtresse.
    »   »
Champ de cannes à sucre.
Troupeau de bétail.
Spécimen d'arbre.
Santiago, rade.
    »   maison à fenêtres barrées.
    »   rue principale.
    »   rue pittoresque.
    »   ».
    »   cathédrale.
    »   école américaine.
    »   charrette originale.
Fort du Morro.
Village de Dos Bocas.
Guantanamo, caféière.
    »   itinéraire malaisé.
Baracoa.
Baie de Nipe.
Propriété de bananiers des Dumois.
Banes.
Wagonnet mû à la force humaine.

Train de ligne en construction.
Voiture rurale *volanta*.
Manzanillo, place principale.
    »   rue à trottoirs élevés.
Fleuve Cauto.
Marécage.
Bayamo, maisons ruinées.
    »   clocher d'église original.
Rivière Contra Maestre.
Excursion au Turquino, barques.
    »   compagnons.
    »   Pico Primero.
    »   nature sous-marine.
    »   un campement.
    »   les trois Pics.
    »   levé d'itinéraire.
Radeau de pièces de bois.
Camagüey, vieille rue.
Trinidad, vieille maison.
Cascade d'Hanabanilla.
Deux phénomènes anthropologiques.
Matanzas.
Récolte de cannes à sucre.
Train   »
Champ et sucrerie.

Meules *trapiche*.
Cuiseur *tacho de punto*.
Petite sucrerie.
Groupe de dépendances *batei*.
    »   »
Champ de tabac moderne sous voiles.
Irrigation.
Récolte de tabac sur brancard.
    »   sur bâton.
Type de petit fabricant.
Mouillage des feuilles.
Tordage des cigares.
Classement des cigares.
Cirque de Luis Lazo, arcade naturelle.
    »   pic du Mal Paso.
Batabano, pêche des éponges.
    »   séchage des éponges.
Ile des Pins, intérieur montueux.
    »   bois de pins.

Paysannes à cheval.
Chevaux au repos à la *bodega*.
Chaumière *bohio*.
Auberge de village.
Magasin de petite ville.
Cercle   »
San José de las Lajas.
La Havane, vieille rue en temps pluvieux.
    »   enfants assistés à la sieste.
    »   kiosque de musique.
    »   type de dame.
    »   collège français.
    »   maison cubaine.
    »   entrevue des jeunes gens
    »   colporteur.
    »   Grand Marché avec ses animaux vivants.
    »   fruits cubains.
    »   vue générale.

FIN

31.115. — Bordeaux, Y. Cadoret, impr., rue Poquelin-Molière, 17.

BIBLIOTHEQUE NATIONALE DE FRANCE
3 7531 00725878 4

www.ingramcontent.com/pod-product-compliance
Ingram Content Group UK Ltd.
Pitfield, Milton Keynes, MK11 3LW, UK
UKHW020104100726
13658UKWH00004B/1963